DON CARLOS
ET
ses Défenseurs

Collection de 20 Portraits originaux.

Dessinés d'après nature, tant au quartier royal de Durango, qu'au quartier-général de l'armée, et représentant Don Carlos, ses Ministres, ses généraux, l'infant Don Sébastien, ses aides-de-camp &a.

AVEC UNE INTRODUCTION ET UNE NOTICE BIOGRAPHIQUE SUR CHACUN DES PERSONNAGES

PAR

M. [illegible]

TOUSSAINT
Editeur

DON CARLOS

ET

SES DÉFENSEURS.

IMPRIMERIE DE D'URTUBIE, WORMS ET Cie.
Rue Saint-Pierre-Montmartre, 17.

DON CARLOS

ET

SES DÉFENSEURS,

COLLECTION DE VINGT PORTRAITS ORIGINAUX,

AVEC UNE INTRODUCTION ET UNE NOTICE BIOGRAPHIQUE SUR CHACUN DES PERSONNAGES INDIQUÉS PAR LE DESSIN,

Par M. Isidore MAGUÈS.

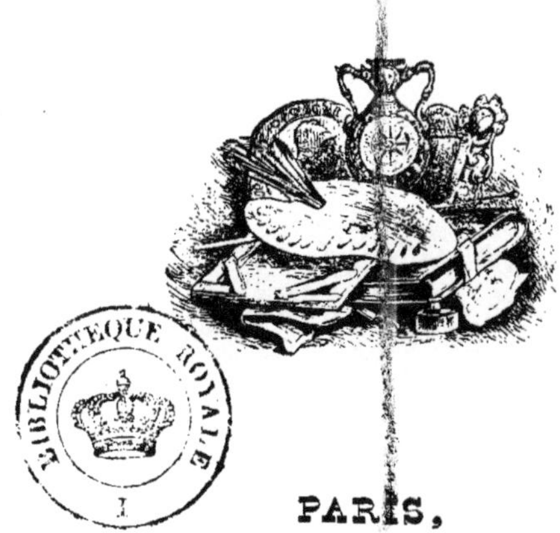

PARIS,

CHEZ TOUSSAINT, ÉDITEUR, QUAI SAINT-MICHEL, 9,

ET A TOULOUSE, PLACE ROUAIX, 13.

1837.

INTRODUCTION.

J'étais bien loin de songer à la publication que je mets aujourd'hui sous les yeux du public, quand le hasard me fit aller à Bayonne au mois de septembre dernier. Sur les frontières des deux royaumes, et si près du théâtre de la guerre, il est impossible que de cette ville, remplie d'ailleurs de familles espagnoles, on n'ait pas les yeux constamment tournés vers l'autre côté de la Bidassoa. Le drame qu'on y joue, les acteurs qui y figurent, sont le sujet de toutes les conversations, d'une foule de paris plus ou moins considérables. Chacun suivant son opinion, fait ou exprime des vœux pour l'un ou l'autre parti; mais, généralement, on peut remarquer le vif intérêt qu'inspire cette poignée d'hommes, qui, d'abord sans armes ni munitions, ont été forcés de les arracher l'une après l'autre aux mains de leurs nombreux ennemis, et de gagner pied à pied le plus petit espace de terrain.

Au milieu des dissertations continuelles sur un tel sujet, je ne tardai pas à concevoir le désir, et bientôt le projet arrêté de voir de près ces hommes, objet de l'attention universelle, et de les peindre, si j'en trouvais le moyen. Ce projet n'était pas seulement hardi, l'exécution devait en être difficile; car il ne suffisait pas de parvenir à déjouer la surveillance de la police franco-christine ; à peine à l'abri de ses atteintes, il fallait encore être accueilli par celle de don Carlos. Or, les carlistes ne sont pas d'un accès commode; et puis, une fois reçu par eux, pouvais-je espérer le concours de toutes les circonstances indispensables à l'accomplissement de mon dessein? C'était bien incertain, mais non pas impossible, et cela suffisait à une tête d'artiste; d'ailleurs, n'y avait-il pas aussi quelques dangers à braver, et par conséquent un peu de gloire à réussir?

Je n'entretiendrai pas le lecteur de tous les moyens qui furent mis en usage pour me faire pénétrer dans les provinces Vascongades; et je me hâte d'arriver avec lui à Irun, où, par suite de mes démarches, le commissaire de cette partie de la frontière m'attendait. Ce commissaire était le sênor D. Garcia, homme très poli et dont j'ai eu particulièrement à me louer. Le soir même de mon arrivée, il eut la bonté d'envoyer à mon hôtel un passe-port pour le quartier royal. Irun, comme Fontarabie, est un point très important et dont la possession est toujours enviée du parti qui ne l'a pas; aussi le voit-on continuellement en état de défense. Toutefois, à l'époque où j'y arrivai, le siége de Bilbao attirant toutes les forces des parties belligérantes, on n'avait pas de crainte pour Irun, et la garnison en était peu nombreuse.

A peine avais-je mis le pied sur le sol espagnol, que j'eus occasion de me faire une idée de l'esprit qui anime les habitans de cette partie de la Péninsule.

C'était le soir. Je m'étais un peu avancé dans les terres, pour distinguer davantage le bruit de l'artillerie qui paraissait entretenir un feu assez nourri du côté de Saint-Sébastien, lorsque les cris de joie d'une foule de gens, qui s'avançaient à pas précipités, me firent croire tout à-coup à la nouvelle de quelque victoire. C'était tout simplement une compagnie allant relever un poste qui surveille nuit et jour le petit fort des christinos, retranchés à l'extrémité espagnole du pont de Béhobie. Ces soldats couraient à l'ennemi comme l'on vole à une fête; la joie et la résolution étaient peintes sur toutes leurs figures. On me dit qu'il en était toujours ainsi. Plus d'une occasion m'a convaincu de cette vérité, et surtout de la part que la population prend à l'enthousiasme du soldat. Quand il part, chacun le trouve heureux; dans sa famille, aucun ne cherche à le retenir; il va revenir triomphant au milieu d'elle : voilà tout ce qu'on envisage. Avec de tels élémens, le succès des armes de don Carlos est facile à comprendre.

Les moyens de voyager sont aujourd'hui très rares dans toutes les provinces que j'allais parcourir; on n'y rencontre pas une seule voiture. L'unique ressource est dans quelques chevaux ou mulets, qu'on trouve encore difficilement à louer, quoiqu'à un prix élevé. Je pus cependant m'en procurer à Irun, d'où je partis avec un Espagnol, qui venait de remplir une mission à Londres. Nous nous mîmes en route avec deux chevaux, un pour nos effets, l'autre chargé de nos deux personnes; circonstance que je rappelle, parce qu'elle me fournit l'occasion de parler d'une manière de voyager particulière à ce pays et aux environs de Bayonne. Elle consiste à se mettre deux personnes à la fois sur le même cheval, chacune étant assise sur un siége à dossier accroché à chacun des côtés de la selle. Si l'on n'est pas deux à la fois, le siége vacant sert à mettre les effets du voyageur, de façon à contrebalancer son poids. Quiconque est allé à Bayonne connaît les *cacolets* de Biarris; c'est ainsi qu'on appelle ces siéges en France; les Espagnols les nomment *artolas*.

Avant d'arriver dans ces contrées, en proie depuis si long-temps à une guerre acharnée, je m'étais attendu à trouver les terres sans culture, les magasins des villes sans acheteurs ni marchandises. C'était une erreur dont il me fut aisé de me convaincre; à Tolosa surtout, où nous passâmes un jour de marché, l'affluence était si grande, que nos artolas eurent beaucoup de peine à se tirer de la foule.

Quant au travail de l'agriculture, il s'en faut qu'il soit

négligé, bien qu'il repose presqu'entièrement sur les femmes, les enfans et quelques vieillards, tout ce qui est susceptible de porter les armes étant sous les drapeaux; et les hommes un peu âgés, mais vigoureux encore, étant occupés à conduire des transports de toute espèce. Les femmes se livrent aux soins agricoles avec une ardeur surprenante. Au reste, la manière usitée dans le pays pour remuer la terre leur donne plus de facilité. Plusieurs personnes, rangées de front très près l'une de l'autre et tenant chacune aux deux mains une espèce de pieu à deux branches, l'enfoncent en même temps dans la terre, et, agissant bien ensemble, soulèvent un bloc très volumineux, qu'elles renversent devant elles, et qu'un travailleur, placé toujours là exprès, brise successivement avec un émottoir. On a bientôt parcouru ainsi un grand espace sans le secours des bœufs, dont le service est presqu'entièrement consacré au train des convois. Un très petit nombre de ces animaux reste dans les champs, non pas pour faire le travail, mais pour faciliter celui des cultivateurs. Voici comment. Attelés à une charrue, dont le soc n'est qu'un couteau perpendiculaire à la terre, ils y tracent une fente profonde à des distances parallèles combinées pour la largeur du front occupé par les personnes que j'ai dépeintes travaillant simultanément, et qui, placées ainsi entre deux fentes, coupent la terre comme le menuisier ouvre une mortaise, après en avoir tracé les côtés par deux coups de ciseau donnés parallèlement dans le bois.

Jusqu'à Hernani, qui se trouve assez près d'Irun, rien n'annonçait positivement l'état présent de guerre, si ce n'est quelques volontaires que nous rencontrions assez fréquemment le fusil suspendu à l'épaule; mais, arrivés à Hernani, le tableau avait changé. Cette ville, si peu éloignée de Saint-Sébastien, était continuellement sur ses gardes, et l'appareil militaire qu'on y remarquait se continuait un peu au-delà, pas très loin cependant; car Tolosa, située trois lieues plus avant, ne nous parut différer en rien de son aspect en temps de paix. Il en fut de même pour toutes les autres villes ou villages qui s'offrirent à nos regards. Sur quelques ponts seulement, l'exhaussement en terre des parapets semblait rester pour témoigner de la résistance que chacun de ces points avait offerte au passage de telle ou telle autre rivière.

Notre voyage dura deux jours; dans la matinée du second, on nous fit remarquer à Ormaisteguy la maison paternelle de Zumalacarréguy. C'est une habitation bien modeste à côté du nom fastueux de la veuve du général. Si l'on ne met pas sur la muraille une inscription telle que les habitans de Pau en ont fait graver une sur la porte de l'ancienne demeure du roi Bernadote, le voyageur n'ira pas deviner à Ormaisteguy la maison de la duchesse de la Victoria (duchesse de la Victoire.)

Vers le soir, le changement que nous apercevions de

plus en plus sur la route, nous fit comprendre que nous n'étions pas loin de Durango. Ce n'était plus quelques chars à de longues distances l'un de l'autre, quelques blessés, quelques volontaires isolés, quelques courriers. Aux approches du quartier royal, tout annonçait la concentration des affaires et le siége du gouvernement; les convois de munitions, d'armes, de blessés, n'offraient plus entre eux que de petits intervalles : c'est alors que nous commençâmes à voir quelques-uns de ces malheureux que des soldats portaient sur des brancards pour leur éviter les secousses des chariots qui ne sont pas suspendus. Ayant demandé pourquoi ces blessés, qui venaient de Bilbao, situé à cinq lieues (d'une heure chaque) au-delà de Durango, étaient portés aussi loin, on me répondit qu'ils étaient dirigés autant que possible sur les diverses ambulances le plus à portée de leurs familles, afin qu'ils en pussent recevoir les secours.

Une des choses faites pour étonner l'étranger qui arrive dans ces contrées, c'est la docilité avec laquelle un nombre de prisonniers, quelquefois assez grand, se laisse conduire par deux ou trois volontaires carlistes. Ces infortunés, presque toujours mis à nu par le vainqueur, qui ayant besoin de se vêtir lui-même se couvre des dépouilles des vaincus; et, exposés à toutes les rigueurs de la température, ne tentent aucun moyen de résistance ou d'évasion. Où trouver la cause de cette docilité, si ce n'est dans le dévouement des gens du pays en faveur de don Carlos? Si les prisonniers n'étaient pas sûrs d'être maltraités dans tous les lieux où ils chercheraient un asile, y aurait-il rien de plus facile pour eux que de se débarrasser d'une escorte si faible, qu'on pourrait la croire chargée seulement de leur montrer le chemin ?

Il était cinq heures et demie du soir quand nous entrâmes à Durango, sans avoir eu à remplir la moindre formalité; la difficulté de trouver un logement fut la seule que nous rencontrâmes, et cela, à cause de la petite dimension de la ville et de la surabondance momentanée de ses habitans. Après avoir visité toutes les auberges, on nous accueillit enfin dans une d'elles. Il fallut bientôt aller nous présenter au gouvernement du quartier royal. L'officier qui remplissait ces fonctions était le brigadier marquis de santa Olailla, homme de soixante ans à peu près, accoutumé aux bonnes manières, et dont j'ai toujours eu à me louer: son accueil me rappela celui du commissaire d'Irun; je m'aperçus que le discernement avait présidé au choix de ces deux hommes pour des fonctions qui demandent beaucoup d'affabilité.

S. Exc. don Juan Bautista de Erro était encore ministre universel. C'est à lui que j'avais adressé ma demande d'introduction: c'était à lui que je devais ma première visite. En le voyant, je fus frappé de l'air de noblesse, et en même temps de bonté, répandu sur toute sa personne: c'est un des plus beaux hommes que j'aie vu; aux avantages physiques, il réunit tous ceux qui résultent d'études profondes dirigées par une haute intelligence. C'est une assertion que je donne avec la confiance de ne pas être démenti par ceux qui ont été, comme moi, en position de voir de près cet homme d'état. Pendant les séances qu'il m'a données, il s'est prêté de la meilleure grace au désir que j'avais de le faire causer. J'en ai profité pour amener la conversation sur une foule de sujets qu'il poursuivait volontiers et toujours d'une manière supérieure. On lui doit plusieurs ouvrages scientifiques, sur les antiquités, sur la physique, sur la littérature, et entre autres une grammaire, la meilleure qui ait paru sur la langue basque. Quand j'eus terminé son portrait, il m'en témoigna son contentement par la demande d'un grand nombre d'exemplaires qui doivent servir de frontispice à ses ouvrages. J'ai d'autant plus attaché de prix à cette demande, qu'elle m'était adressée par un appréciateur éclairé de toutes les productions de l'art, et en particulier des ouvrages de peinture. Son jugement sur le mérite des diverses écoles ferait honneur à plus d'un membre de l'Institut. Il est probable, que si au lieu d'être ministre à Durango, M. de Erro l'eût été à Madrid, les Velasquez, les Murillo, les Ribera, et autres chefs-d'œuvre de l'école espagnole dont vient de nous enrichir le baron Taylor, ne seraient jamais sortis de leur pays natal.

Dès le lendemain du jour de mon arrivée, je témoignai

l'impatience de voir don Carlos. On me dit qu'en attendant le jour de ma présentation, il me serait très facile de satisfaire ma curiosité. En effet, le soir même, ayant suivi la direction des personnes qui tous les jours se réunissaient en grand nombre sur la route de Bilbao, pour écouter de plus près le feu tantôt progressif, tantôt ralenti du siége de cette place, j'entendis autour de moi plusieurs dames et cavaliers se dire avec empressement : *su majestad, su majestad:* sa majesté, sa majesté. Je me retourne aussitôt : mais n'apercevant aucun appareil militaire, je crois qu'on s'est trompé : c'est que j'ignorais encore que don Carlos ne veut, quand il sort, d'autre escorte que la fidélité de ses sujets : cette fidélité au reste est auprès de lui représentée par l'animal qui en est le symbole : un énorme chien appelé *montes* (montagnes) marche toujours au-devant de lui. Quand on le voit arriver, on sait que son maître n'est pas loin : alors chacun se découvre, se range sur les côtés du chemin, et l'on aperçoit un groupe de trois ou quatre personnes. Don Carlos, au milieu d'elles, ne se distingue par aucune marque apparente. Pour la première fois en sa présence, je cherchais à le deviner, lorsque mon compagnon de voyage, sans me rien dire, m'eut bientôt mis au fait, s'étant avancé près du petit cortège, j'en vis alors sortir le prince qui vint de lui-même offrir sa main à baiser.

Don Carlos va quelquefois très loin dans la campagne; les habitans du pays, accoutumés à le voir au milieu d'eux, ne font pas, en sa présence, retentir les airs de leurs acclamations; mais la joie est peinte sur leur figure : ce témoignage muet de leur respect et de leur attachement n'en est pas moins touchant ni moins apprécié de celui qui en est l'objet, et qui, à ces marques d'amour, répond par le plus gracieux sourire. Il y a dans les yeux de don Carlos une expression étonnante ou de douceur ou de fermeté. Si j'ai cru, pour le peindre, devoir choisir cette dernière, c'est qu'elle m'a paru plus convenable à la gravité de sa position.

Je ne tardai pas à être présenté au palais. Dès la première audience, il fut question de l'accomplissement de mon projet; don Carlos me fixa le jour de la première pose et me permit, en attendant, de commencer par un autre portrait, qui fut celui de l'évêque de Léon; ce prélat, n'étant pas encore au ministère, avait plus de loisir à me consacrer, et je m'empressai de saisir cette circonstance, d'autant plus heureuse pour moi, qu'elle me permettait de donner plus de soin à mon premier ouvrage, dont la réussite était de la plus grande importance pour moi. Mon étoile heureusement ne m'abandonna pas: j'en trouvai la preuve dans la complaisance que le prince mit à poser, après avoir vu mon premier essai. Il faut convenir que l'évêque de Léon s'y était prêté avec intérêt, soit en me donnant toutes les séances nécessaires, soit en se livrant à la conversation. Ce dernier moyen, si utile à la reproduction de la physionomie, n'était cependant pas trop aisé à obtenir avec un homme qui, d'ordinaire, parle très peu, et se laissant aller à ses pensées, a toujours l'air distrait. Mais je parvins à le faire causer en variant mes attaques, en lui parlant tantôt espagnol, tantôt latin, tantôt français.

La maison qui servait de palais royal en avait si peu l'apparence, que j'y étais déjà entré sans m'en douter. Le ministère des affaires étrangères a toujours eu le privilége en Espagne d'être dans le palais du roi. Cet usage est conservé par don Carlos; et, pour voir le ministre des affaires étrangères, auquel j'étais recommandé, j'avais dû entrer au palais. Une grande simplicité règne au dedans comme au dehors. La présence du prince se fait néanmoins sentir à l'étage au-dessus du ministère; là veille une garde particulière, dont voici la composition: Elle comprend en tout cent trente hommes, cent à pied, trente à cheval. Les premiers ont été choisis, vingt dans chacune des trois provinces Vascongades, et les quarante autres dans le royaume de Navarre, qui a aussi fourni les trente cavaliers; faveur qui fait assez de jaloux, mais que justifient les premiers sacrifices des Navarrois à la cause qu'ils défendent. Les gardes à pied sont tous cadets, ceux à cheval ont grade de sous-lieutenant. Une partie de cette petite troupe est toujours avec l'infant don Sébastien. On trouve sur la première porte de l'appartement royal deux factionnaires de la garde à pied; le service du reste de l'intérieur est confié aux gentils-

hommes de la chambre. Don Carlos dîne habituellement avec ces derniers à deux heures du soir. Pendant le repas, une nombreuse musique, fruit des conquêtes de Zumalacarreguy [1], fait entendre à peu près toutes les compositions des auteurs modernes. La *Juive*, les *Huguenots*, *Robert-le-Diable*, etc., sont tour à tour exécutés avec beaucoup d'harmonie. En écoutant des airs si familiers à mon oreille, plus d'une de ces émotions que comprennent ceux qui ont vécu loin de leur pays, est venue me serrer le cœur.

Don Carlos voit tout par lui-même, jusqu'aux lettres de la plus mince importance. On conçoit le peu d'instans qu'il pouvait donner aux séances de peinture; néanmoins, son portrait fini, il m'offrit de poser encore pour une copie destinée à la princesse de Beyra, et puis enfin pour une troisième, d'après laquelle on frappe actuellement sa monnaie. C'est aussi pour la princesse de Beyra que me fut demandée la Vue de la maison royale de Durango, la même qui fait partie de ce recueil.

L'infant don Sébastien n'était pas à Durango lorsque j'y suis arrivé. Depuis le commencement du siége de Bilbao, il assistait à toutes les opérations militaires. J'at-

(1) Cette musique fut presque tout entière enlevée aux ennemis, auprès d'Ochandiano, à trois lieues de Durango. Grossie depuis par les désertions continuelles, son personnel est aussi nombreux que celui des plus complètes de nos régimens de France.

Napoléon, c'est le maréchal Soult qu'il paraît estimer davantage.

On ne sera pas étonné de me trouver si bien fixé sur tout ce que je viens de dire, quand on saura qu'étant à l'armée, où il m'était bien difficile de trouver un logement convenable, S. A. R. voulait que je travaillasse dans son cabinet; j'y ai passé des journées entières, entendant de longues dissertations qui roulaient presque toujours sur l'art militaire. Zumalacarreguy n'était plus; mais dans ces lieux, théâtre de sa gloire, tout vous parle de lui; sa mémoire y survit grande comme ses actions. L'histoire des grands capitaines sera enrichie d'une belle page par celui qui racontera un jour sans partialité les faits extraordinaires de ce génie. Mais le peintre n'a pas les ressources de l'historien; pour bien rendre les traits d'une physionomie si expressive, il eût fallu la voir, et ce n'était plus possible. Cependant une telle lacune dans cette collection était trop grande, et j'ai cru devoir mettre tout en œuvre pour y suppléer. Ainsi, après avoir recueilli tous les portraits qui ont déjà paru et m'être entouré des personnes qui connaissaient le mieux le général, je suis parvenu à un résultat qu'on s'est accordé à trouver satisfaisant, mais que je ne puis pas garantir comme tous les autres portraits que j'ai faits d'après nature. Quant à ceux-là, je ne me suis décidé à les livrer à la curiosité publique, qu'après les avoir soumis en Espagne et en France à la critique de ceux qui pouvaient connaître les originaux. Toutes les fois qu'une telle expérience s'est renouvelée, j'ai eu la satisfaction d'entendre nommer successivement et sans hésitation chacun des personnages que j'avais voulu peindre. Si j'ai pu en venir là, c'est uniquement dû à l'obligeance de mes modèles; ils m'ont tous secondé, autant qu'ils le pouvaient au milieu de tant de circonstances difficiles. Je désire qu'ils trouvent ici l'expression de ma reconnaissance, Villareal surtout, qui, très malade après la levée du siége de Bilbao, a bien voulu pousser la complaisance jusqu'à descendre de son lit pour poser. Un seul, parmi tous ceux que je voulais peindre, s'est constamment dérobé à ma poursuite; c'est le fameux *curé Merino*, dont on parle un peu moins aujourd'hui, mais qu'on n'a certainement pas oublié : il a refusé aux instances les plus pressantes de ses meilleurs amis. L'Infant don Sébastien, dont il est aujourd'hui aide-de-camp, lui en a vainement parlé plusieurs fois; et à la dernière extrémité, m'étant adressé à don Carlos, ce prince me répondit qu'il le lui demanderait avec plaisir, mais qu'il ne lui convenait pas de s'exposer à un refus probable. On voit quelle doit être l'énergique volonté de cet homme si peu né pour le sanctuaire, mais qui, du reste, n'est plus aujourd'hui que le général Merino. Je l'ai vu un instant trop court pour le peindre, et à peine suffisant pour contenter ma curiosité. Quoique déjà avancé en âge, il paraît encore jouir d'une vigueur que lui assure pour long-temps encore la manière dont il vit. Quand le sommeil s'empare de lui, il se jette tout bonnement sur un lit dans l'état où il se trouve, et presque toujours en bottes et éperons. A le voir sur son cheval, toujours très belle monture, on dirait un jeune homme. Je n'ai pas vu le costume qu'il a sous son manteau; mais son chapeau, de forme entièrement conique et à larges bords, l'empêchera long-temps de sortir de ma mémoire.

Mon séjour en Espagne, quoique très court, après la levée du siége de Bilbao, m'a cependant permis de voir les changemens qui en furent le résultat. Cet événement, considéré partout comme un coup terrible porté à la cause de don Carlos, et funeste seulement par l'impression défavorable qu'il a produite au dehors, est bien loin, sous divers rapports, d'être aussi malheureux pour elle qu'on le suppose : je n'en veux d'autre preuve que la détermination prise enfin de ne plus songer à s'emparer, à garder des places, dont l'occupation est toujours plus onéreuse qu'utile à une armée trop peu nombreuse pour fournir des garnisons aux dépens de son contingent. Il serait bien long d'entrer, à ce sujet, dans toutes les considérations qu'il soulève, et je me garderai bien de l'entreprendre : seulement, je dirai quelques mots des changemens les plus notables. Un des plus grands, en apparence, est la nomination de quatre ministres, au lieu d'un ministre universel; mais vu l'intimité qui règne maintenant encore entre don Juan Bautista de Erro et l'évêque de Léon, président du cabinet actuel, le système de gouvernement n'a réellement subi qu'une légère modification. La différence consiste plutôt dans les personnes que dans les choses; car, dans sa présidence, l'évêque réunit à peu près les pouvoirs de son prédécesseur. Seulement, les trois membres, appelés avant sub-secrétaires, portent aujourd'hui le titre de ministres. Voici la composition de ce cabinet : l'évêque de Léon, président du conseil et nommé au département des graces et justice; le général Cabanas, à la guerre; Labandero, aux finances; et aux affaires étrangères, M. de Sierra. Ce dernier, après avoir passé toute sa vie dans les ambassades, et s'y être toujours distingué, ne pouvait pas être mieux choisi. L'envie a cependant fait de grands efforts pour lui ravir ce poste, l'un des plus importans. J'avais pour M. de Sierra une lettre de recommandation qui n'a pas eu le sort de tant d'autres de ses pareilles. M. le marquis de Lalande, en me la donnant, m'a procuré un protecteur et un ami. M. d'Orellana, l'un des officiers les plus capables attachés au même ministère, ne doit pas non plus être oublié dans mes bons souvenirs.

C'est dans l'armée que les changemens se sont le plus fait sentir. Sans contredit, le plus important est la nomination de l'infant don Sébastien au commandement en chef. Tous découlent de celui-là qui, n'eût-il eu d'autre but que d'anéantir les rivalités des prétendans à cette dignité, doit être regardé comme une sage mesure. Mais indépendamment de cet avantage, l'instruction et l'énergie du nouveau chef peuvent être d'un grand poids dans les événemens qui se préparent.

*A peine cette nomination était connue, que son influence était déjà visible. Ces bataillons, peu de jours avant incomplets, et dans un état tel que pour eux les souliers étaient presque un objet de luxe, recevaient, à vue d'œil, une organisation nouvelle. A mon retour j'en ai rencontré plusieurs, à l'équipement desquels il ne manquait absolument rien ; et quand les soldats basques sont dans cet état, on chercherait vainement ailleurs des troupes d'un plus bel effet. La composition de son état-major a été pour l'Infant l'objet de soins tout particuliers : il attachait beaucoup d'importance à cela ; je doute néanmoins qu'il soit parvenu à se satisfaire ; car, au milieu d'une armée improvisée comme la sienne, il se trouve un bien petit nombre d'officiers possédant les connaissances spéciales aux armes du génie, de l'artillerie et de l'état-major ; c'est à ce point, que j'ai trouvé là un jeune Français, le comte de Coëtlogon, qui, bien qu'ayant fait son éducation militaire dans les pages de Charles X, n'en remplissait pas moins au siége de Bilbao les fonctions d'officier du génie.

Il eût fallu rester encore long-temps en Espagne pour ajouter à ma collection les portraits de tous les personnages qui, par leur mérite ou leur position, y eussent dignement figuré. Mais des circonstances particulières me rappelaient en France; et puis la reproduction lithographique de tant de dessins eût demandé un temps infini : j'avais déjà beaucoup trop à faire. Aussi, quand furent terminées les séances de don Carlos, me suis-je hâté de repartir, mais non sans emporter les plus flatteuses marques de sa bienveillance.

Ce prince a trois fils qui sont à Salsbourg en Allemagne, avec la princesse de Beyra et l'épouse de l'infant don Sébastien.

A mon audience de congé, il daigna me confier le soin d'aller les peindre, et me conféra le titre de chevalier de l'ordre royal américain d'Isabelle-la-Catholique.

DON CARLOS.

Don Carlos, second fils du roi Charles IV, est né le 29 mars 1788. Peu de temps après l'abdication de son père en faveur de Ferdinand VII, il suivit ce dernier au château de Valançay et y partagea sa captivité jusqu'en 1814. En 1816, il épousa l'infante de Portugal, Françoise d'Assises, fille du roi Jean IV. De ce mariage sont nés : 1° L'infant Charles-Louis-Marie, le 31 janvier 1818; 2° L'infant Jean-Charles-Marie, le 15 mai 1822; 3° L'infant Ferdinand-Marie, le 13 octobre 1824.

Lorsque Ferdinand VII eut aboli, en faveur de sa fille, la loi salique établie en 1713 par Philippe V, don Carlos, qui ne pouvait pas donner son consentement à une lésion si manifeste de ses droits et de ceux de ses enfans, inspira de vives craintes à la reine et à ses partisans. Pour leur ôter tout prétexte de soupçon, il sollicita du roi son frère la permission d'accompagner en Portugal la princesse de Beira, qui avait reçu l'ordre de s'y rendre, et quitta Madrid avec elle et sa famille, le 16 mars 1833.

Ferdinand VII étant mort le 29 septembre 1833, les partisans de don Carlos le proclamèrent aussitôt dans les provinces vascongades; mais les dispositions prises par les généraux de la reine empêchèrent le prince de s'y rendre. Il fut contraint de rester en Portugal, jusqu'à ce que la chute de don Miguel l'obligea de chercher un autre asile. L'amiral anglais Parker lui fournit des vaisseaux pour le transporter en Angleterre.

Don Carlos y laissa toute sa famille, et, le 2 juillet, il mit à la voile pour la France, accompagné seulement du baron de Los Valles. Après avoir traversé heureusement ce royaume, ils arrivèrent en Espagne le 9 juillet 1834.

DON SÉBASTIEN.

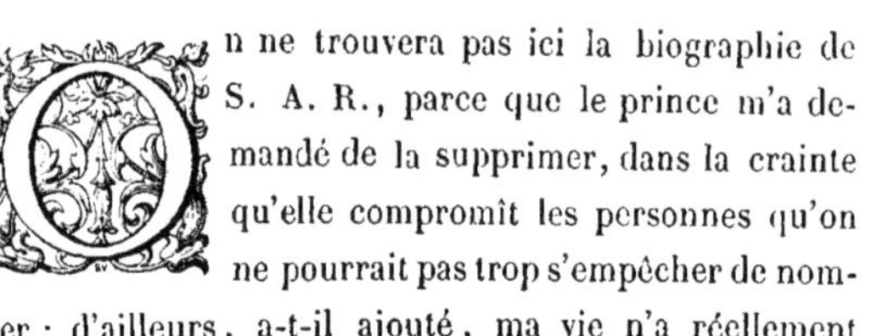

On ne trouvera pas ici la biographie de S. A. R., parce que le prince m'a demandé de la supprimer, dans la crainte qu'elle compromît les personnes qu'on ne pourrait pas trop s'empêcher de nommer ; d'ailleurs, a-t-il ajouté, ma vie n'a réellement commencé qu'aujourd'hui où je puis être enfin utile à mon pays. Si Dieu couronne mes efforts, j'aurai déjà fait quelque chose pour lui, avant que votre ouvrage paraisse : alors vous raconterez cela.

De tels vœux n'ont pas tardé à être exaucés : tout le monde sait les avantages remportés dans les affaires où l'Infant commandait lui-même. La victoire d'Ernanie fut son premier triomphe : il est superflu d'en rappeler les détails trop récemment énumérés dans les journaux de toutes les couleurs. Mais un fait bien plus récent encore, et qui suffirait à sa gloire, c'est le dernier événement d'Huesca qui est venu frapper d'un si rude coup le trône

chancelant d'Isabelle. Elle y a perdu ses généraux et avec eux une grande force morale. L'infant don Sébastien, dans cette journée, a eu son cheval tué sous lui.

S. A. R., née le 4 novembre 1811, est fils de feu l'infant Pierre, cousin de don Carlos, et de l'infante de Portugal Marie-Thérèse, fille du roi Jean VI, connue sous le nom de princesse de Beyra.

L'ÉVÊQUE DE LÉON.

Don Joaquin Abarca est né en 1781, à Huesca, ville du royaume d'Aragon. Après y avoir étudié la philosophie et pris ses grades de docteur en droit civil et canonique, il se rendit à Madrid pour suivre un cours de jurisprudence, et se faire recevoir avocat. Dès qu'il fut revêtu de ce titre, sentant qu'il pouvait être utile à ses compatriotes, il se hâta de regagner sa ville natale.

Les débuts du jeune Abarca dans la noble carrière du barreau firent aisément prévoir qu'il était destiné à la parcourir avec la plus grande distinction. La défense des droits des pauvres et de ses amis fut d'abord son unique occupation. Bientôt ses talens lui valurent une chaire de jurisprudence civile, puis la charge de procureur-général près la cour ecclésiastique. Il remplissait honorablement ces hautes fonctions, quand Napoléon déclara la guerre à l'Espagne; on traita alors comme un crime sa fermeté à défendre les intérêts de l'église et du trône espagnol, et ses ennemis le firent enfermer d'abord dans les prisons d'Huesca, puis dans celles de Saragosse. Déjà il était ordonné prêtre.

Rendu à la liberté en 1804, il obtint en concours public sa nomination de chanoine doctoral de l'église cathédrale de Tarazone. En 1822, quand le gouvernement constitutionnel bannit l'évêque de ce siége, ce fut au chanoine Abarca que le chapitre chargé de l'administration du diocèse confia le soin de le diriger. Mais son zèle le rendit bientôt suspect au même gouvernement. Enveloppé dans la disgrace du prélat dont il remplissait les fonctions, il allait être arrêté, lorsqu'il trouva moyen de passer en France. On le reçut à Bayonne avec toutes sortes de distinctions et d'égards. Cette circonstance de sa vie est une de celles qu'il aime le plus à rappeler. Il m'en a parlé à différentes reprises et toujours en témoignant la plus haute estime pour le vénérable archevêque de Toulouse, alors évêque de Bayonne (Monseigneur d'Astros), qui lui fit presque oublier les chagrins de l'exil.

Quelque temps après, de retour en Espagne, S. M. Ferdinand VII lui confia l'évêché de Léon, et en 1825 l'appela auprès d'elle pour l'investir de la dignité de conseiller d'état. Mais de telles faveurs ne furent pas de longue durée. Malgré les preuves récentes de la confiance du monarque, on sut le rendre suspect à ses yeux, et le faire renvoyer dans son diocèse. C'est alors qu'il publia cette protestation si connue non seulement en Espagne, mais dans toute l'Europe, et dont l'objet était de prévenir contre tous les événemens qu'il pressentait, et qui s'accomplirent bientôt tels, en effet, qu'il les avait annoncés.

Poursuivi jusque dans son palais, l'évêque de Léon parvint à se soustraire aux recherches les plus obstinées pendant l'espace de onze mois, sans sortir de son diocèse. Le dévouement de ses nombreux amis lui offrit toujours une retraite assurée, jusqu'à la mort de Ferdinand VII.

A cette époque, il alla rejoindre don Carlos en Portugal pour se consacrer sans réserve au service de ce prince. Toujours auprès de lui, il ne laissa échapper aucune occasion de lui prouver son dévouement, surtout à Evora, où il fut un des principaux instrumens dont se servit la Providence pour l'arracher aux ennemis qui l'entouraient de toutes parts. Il avait suivi don Carlos en Angleterre; mais quand ce prince se décida à traverser la France pour se rendre en Espagne, accompagné seulement du baron de Los Valles, il laissa le vertueux prélat auprès de sa famille, après l'avoir chargé des importantes affaires qu'il avait à Londres. Ces négociations étaient à peine terminées, que l'évêque, pressé de rejoindre son maître, voulut tenter de suivre la même route que lui; mais, soit fatalité, soit imprudence, il ne fut pas aussi heureux; la gendarmerie l'arrêta. Toutefois, il parvint à retourner en Angleterre.

Plus circonspect dans une nouvelle tentative, il s'embarqua en qualité de marin, s'arrêta à Bordeaux et vint enfin mouiller aux côtes d'Espagne où l'attendaient de publiques acclamations de joie, et la preuve non équivoque de la considération dont il jouissait auprès du saint-siége, qui n'attendait que son arrivée dans les provinces basques pour l'investir des pouvoirs les plus étendus dans l'intérêt spirituel de tous les peuples soumis à don Carlos.

C'est au milieu de ses occupations évangéliques que je trouvai l'évêque de Léon au quartier royal. Alors, il ne les quittait que pour les audiences du conseil d'État. Peu de temps après, don Carlos ayant jugé convenable de distribuer entre quatre ministres le fardeau du gouvernement supporté jusqu'alors par un seul, il a été formé quatre ministères sous la présidence de l'évêque de Léon, chargé en outre du département des graces et justice.

Telle est aujourd'hui la position de ce prélat auprès de don Carlos.

ERRO.

Don Juan Boutista de Erro, grand'croix de l'ordre royal de Charles III, ministre d'état, et dernier ministre universel de don Carlos, naquit à Andoain, province de Guipuscoa, en 1774. Pendant ses études, faites généralement avec distinction au collége de Bergara, il s'adonna principalement aux mathématiques, et trouva bientôt le moyen de prouver son aptitude à cette belle science en levant les plans et formant l'établissement des mines de mercure d'Almaden. Les talens dont il fit preuve dans ces travaux lui valurent le titre d'académicien de ces mines. Postérieurement attaché aux gardes-du-corps, il y servit comme secrétaire et fut ensuite nommé intendant des finances de la province de Soria et plus tard de celle de Ciudad-Réal. Dans cette dernière, il occupa, durant la guerre de l'indépendance, les emplois d'intendant et de président de la junte; à la fin de la guerre, on lui conserva l'intendance de Ciudad-Réal, d'où il passa à celle de l'armée et province de Madrid. Il occupait, en 1820, celle de Barcelonne, quand les pour-

suites des constitutionnels le forcèrent à chercher un refuge en France. Mais l'entrée de l'armée auxiliaire vint changer, en Espagne, la face des événemens; alors reparut Erro pour faire partie de la junte suprême du gouvernement. Ferdinand VII, en recouvrant son trône, lui donna, avec le portefeuille des finances, la première dignité du royaume, celle de ministre d'état.

Telle était sa position à la mort du prince, époque si fatale au repos de l'Espagne. Il fallut émigrer encore; cette fois l'Angleterre fut l'asile du fugitif; il y séjourna jusqu'à ce qu'il crut pouvoir être utile à son maître; mais alors, on le vit bientôt en Espagne, et don Carlos, en le nommant son ministre universel, lui prouva combien il attachait de prix à son retour.

AZNAREZ.

Don José Aznarez, ministre d'état et président du conseil-général des affaires du royaume, naquit en 1752 dans la ville de Joca (royaume d'Aragon), d'une famille d'ancienne noblesse. De Joca, où il fit ses premières études, il fut envoyé à l'Université de Saragosse; et, après y avoir reçu le grade de bachelier en droit, il obtint à l'Université de Valence ceux de bachelier et docteur en droit-canon. Dès qu'il fut avocat, il se distingua par son aptitude et sa capacité, au point de mériter la confiance du duc de Parme, roi d'Etrurie, et de plusieurs grands d'Espagne. Chargé de la défense du marquis d'Aijerve, gentilhomme de la chambre du prince des Asturies et l'un des innocens inculpés dans la célèbre affaire de l'Escurial, il plaida sa cause avec toute l'énergie et la liberté de sa noble profession, malgré tout ce qu'il avait à redouter de la puissante influence de la partie adverse.

A Legrand.

L'invasion de 1808, pendant laquelle on lui fit un crime de son attachement à la dynastie légitime, l'obligea d'abandonner à Madrid son cabinet, sa femme et ses enfans pour se rallier au gouvernement de Ferdinand établi à Séville. La junte centrale lui conféra immédiatement les emplois d'auditeur de la guerre des quatre royaumes d'Andalousie, et celui de fiscal des gardes de la maison royale. En 1810 le royaume d'Aragon le nomma député aux cortès. Dans cette assemblée, il remplit les fonctions de secrétaire, de vice-président, ainsi que plusieurs autres. De retour à Madrid, il continua sa charge de procureur fiscal sans autre ambition. Mais en 1817, le conseil suprême de la guerre l'ayant reconnu comme l'homme le plus capable de remplir les fonctions de procureur civil dans son sein, le titre lui en fut conféré par un décret royal.

Lorsque l'armée du duc d'Angoulême intervint en Espagne au secours de Ferdinand, la régence du royaume investit don Aznarez de la dignité de ministre de l'intérieur, chargé en outre, par interim, du portefeuille des graces et justice. Sa majesté, satisfaite du zèle qu'il avait montré dans ces hautes fonctions, daigna le nommer conseiller ministre d'état et, l'année suivante (1823), intendant de Séville. Cette charge, une des plus lucratives et des plus honorables, ne valait pas à ses yeux le repos dont il avait besoin : il la refusa; mais des ordres positifs la lui firent accepter. Séville conservera toujours le souvenir de cette intendance, beaucoup trop courte, puisqu'elle ne dura qu'un an et demi. Des raisons de santé et le grand désir de rentrer à Madrid, sa seconde patrie, lui enlevèrent celui dont elle n'avait appris à connaître tout le mérite que pour sentir plus vivement sa perte. En témoignage de son estime, elle le reçut au nombre des membres de l'académie des trois nobles arts. C'est ainsi qu'il avait été nommé antérieurement académicien de Saint-Louis de Saragosse.

Enfin en 1826, lors de la formation du conseil permanent d'état, Aznarez fut compris au nombre de ses membres et y resta jusqu'à sa dissolution.

Il était déjà fort avancé en âge quand la mort de Ferdinand vint rouvrir les plaies à peine fermées de la malheureuse Espagne.

Le vieux serviteur de la monarchie, oubliant ses années, partit pour l'émigration, mais non sans le plus grand désir de consacrer ses derniers jours au service de son nouveau maître. Il vint attendre en France le moment favorable; et dès qu'il se présenta, il sut trouver dans son dévouement la force de braver tous les dangers. Les compagnons du pénible voyage qu'il eut à faire pour arriver en Navarre, m'ont bien souvent parlé avec admiration du courage qu'il avait montré.

Don Carlos le vit arriver avec satisfaction et l'attacha à son service en qualité de président du conseil-général des affaires du royaume. Ce sonseil est composé des personnages suivans : Don J. Arnarez (président). — D. Miguel Modet. — Le marquis de Valdespina. — D. F. X. de Manzanos. — D. J. Lamas-Pardo. — Don R. Morant. — Don J. Rey-Y-Alcla. — D. J. Lasanca. — D. de Morejon.

ZUMALACARREGUI.

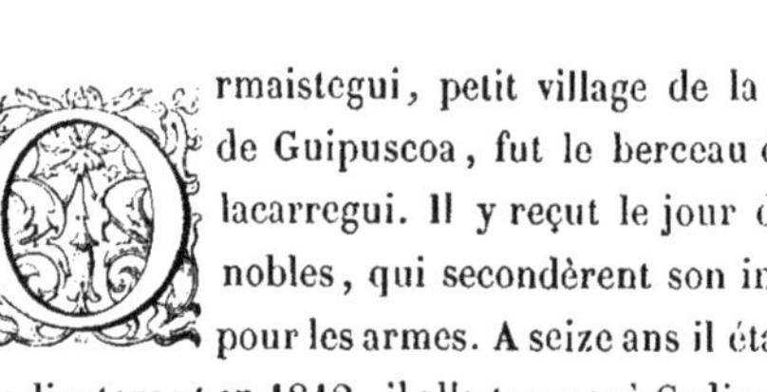

Ormaistegui, petit village de la province de Guipuscoa, fut le berceau de Zumalacarregui. Il y reçut le jour de parens nobles, qui secondèrent son inclination pour les armes. A seize ans il était soldat. Sous-lieutenant en 1812, il alla trouver à Cadix son frère, membre des cortès; il en revint en 1822 avec le grade de lieutenant dans le régiment des ordres militaires, et reçut le commandement d'un bataillon dans l'armée de la Foi. Nommé colonel à la fin de cette guerre, il commanda successivement le 4me régiment de ligne, le régiment de Bourbon, 16me de ligne, et celui de l'Estramadure, 15me de ligne, à la tête duquel il se trouvait en 1830, lorsqu'il fut mis à la retraite. Le colonel se retira dès-lors à Pampelune avec sa femme et ses enfans. Quelque temps après, un inspecteur d'infanterie, nommé Llander, le fit arrêter sous la prévention de chercher à troubler le gouvernement, confié à la reine Christine pendant la maladie du roi son époux. Après sa captivité, Zumalacarregui cherchait à oublier au sein de sa famille les persécutions dont il avait été l'objet, quand la

mort de Ferdinand vint réveiller toutes les dissentions politiques. On vit alors tous les partis en mouvement. Notre héros ne se fit pas attendre; son poste était au milieu des royalistes; il y fut un des premiers. Valdès, ayant appris cette nouvelle, fit tomber sur la femme et la fille du défenseur de la légitimité tout le poids de sa colère; il les enferma dans le couvent des religieuses récolettes, où elles restèrent jusqu'à ce que Quesada les rendit à la liberté, et leur fournit des passeports pour Elisondo et Ordas. Ces innocentes victimes des fureurs de partis, poursuivies par les troupes de la reine, eurent beaucoup de peine à atteindre leur destination.

Zumalacarregui était déjà regardé comme un des meilleurs officiers de l'armée espagnole, quand arrivèrent les événemens qui devaient en faire un des plus habiles généraux de l'époque. On a beaucoup parlé, on parlera beaucoup encore de toutes les grandes choses qu'il a su tirer, pour ainsi dire, du néant; mais, pour bien le comprendre et s'en faire une idée juste, il faut entendre les compagnons de ses travaux. Ils vous diraient tout ce qu'il a fallu d'héroïques efforts et de sacrifices inouïs pour lutter contre les attaques et les poursuites continuelles de plusieurs armées nombreuses, aguerries et équipées, avec une poignée de volontaires, sans armes ni connaissance aucune du métier de la guerre, jusqu'au moment où les mêmes hommes, identifiés pour ainsi dire avec leur intrépide chef, ont étonné l'Europe entière, spectatrice de leurs glorieux succès.

En possession de l'amour et de la confiance entière de ses soldats, il n'était rien que ne put se promettre Zumalacarregui ; mais tout périt sur la terre, et le héros est tombé comme tout le reste. Toutefois, sa mort a dignement couronné sa vie; il l'a trouvée au champ d'honneur (1).

(1) Zumalacarregui est mort au premier siége de Bilbao. Il fut blessé à la jambe droite le 16 juin 1835, et mourut des suites de cette blessure le 25 de ce mois. Avant d'expirer, il avait transmis son commandement au général Erazo.

EGUIA.

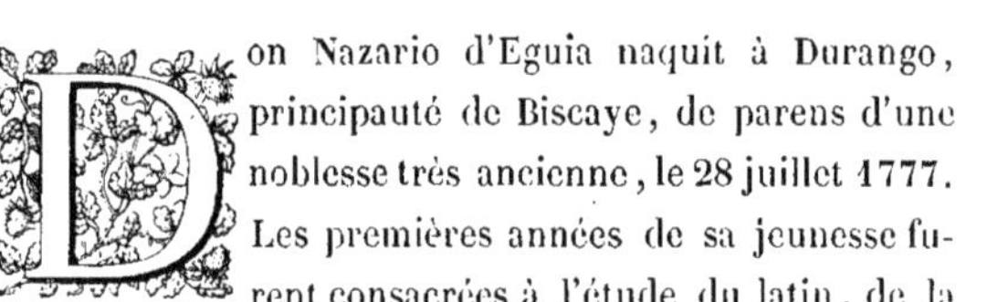

Don Nazario d'Eguia naquit à Durango, principauté de Biscaye, de parens d'une noblesse très ancienne, le 28 juillet 1777. Les premières années de sa jeunesse furent consacrées à l'étude du latin, de la philosophie et de la théologie. Il entra, en 1795, dans le régiment d'infanterie d'Estramadure en qualité de cadet. Pendant ce noviciat militaire, le jeune Eguia acheva de se perfectionner dans les mathématiques; et, après avoir subi avec distinction les examens nécessaires, il fut nommé officier du génie à la fin de l'année 1799. Dans cette arme, il parvint, en passant par tous les grades, à celui de colonel, et bientôt après à celui de brigadier d'infanterie.

Le duc de Wellington ayant demandé un officier supérieur appartenant à l'arme du génie pour occuper l'emploi de quartier-maître-général de l'armée commandée par le duc d'Albuquerque, le brigadier Eguia fut choisi, malgré les ordonnances royales qui réservent cette fonction pour les maréchaux-de camp. On lui doit ces manœuvres habiles, qui, déjouant les combinaisons de l'ennemi, permirent d'arriver deux jours avant l'armée fran-

çaise à l'île de Léon, dont la défense fait aussi beaucoup d'honneur au quartier-maître-général.

En 1814, lors du retour du roi, il fut promu au grade de maréchal-de-camp et attaché en cette qualité au corps d'observation des Pyrénées occidentales, en 1815. Après la dissolution de cette armée, on le plaça à Valladolid comme chef d'état-major, et il prit le commandement des troupes formant le cordon sanitaire du Tage et de la Sierra Morena.

Il allait se mettre à la tête de l'armée de Gallice à l'époque (1820) de l'insurrection militaire qui se répandait dans les provinces méridionales, quand le roi prêta serment à la Constitution.

Lorsqu'en 1823, Ferdinand VII recouvra sa liberté, le général Eguia fut nommé capitaine-général du royaume de Gallice, et en même temps commandant de l'armée d'observation sur les frontières de Portugal. Il eut aussi à inspecter les troupes destinées à la Havane. Pour prix de son zèle, le roi le décora de la grand'croix d'Isabelle-la-Catholique.

Les exilés espagnols, en 1829, s'occupaient à l'étranger à renverser le gouvernement de leur pays. La première victime de leurs menées devait être le général Eguia dont ils redoutaient l'intégrité des principes religieux et monarchiques. Il reçut, le 23 octobre 1829, par le courrier, plusieurs dépêches; sur l'une d'elles étaient écrits ces mots : *Reservado* (confidentiel) pour le capitaine-général de la Gallice. Accoutumé à tout faire par lui-même, il ouvre ce paquet en présence de ses secrétaires : aussitôt une explosion épouvantable se fait entendre, et ce brave général, qu'avait si long-temps respecté la mitraille pendant les sanglantes guerres de l'empire, tombe baigné dans son sang. Les balles sorties de la machine infernale emportèrent sa main droite et deux doigts de la gauche; sa figure, son ventre, ses jambes furent horriblement mutilés. Le roi, pénétré de douleur à cette nouvelle, et en récompense de ses nombreux services, l'éleva sur-le-champ au grade de lieutenant-général, et lui accorda le droit de se servir de l'estampilla [1].

Mais cette dernière faveur ne suppléait qu'à la signature et le général voulait écrire comme avant; il le voulait trop pour ne pas réussir, et tous les moyens furent mis en usage. Enfin, après beaucoup d'expériences, on fit un instrument fort simple avec lequel il écrit très facilement. J'ai conservé une lettre qu'il m'a écrite de cette manière, et qu'on trouvera reproduite dans ce receuil, à côté du dessin de l'instrument [2].

Lorsque les événemens de Saint-Hildefonse vinrent affliger les véritables amis de l'ordre, on envoya le géné-

[1] *Estampilla*, seing gravé sur métal avec lequel le roi signe ses dépêches.

[2] Voici la traduction de la lettre *fac simile:*

Quartier royal de Durango, le 4 janvier 1837.

« MON ESTIMABLE MONSIEUR,

» Vous pouvez venir quand vous voudrez pour mon portrait que vous » avez été chargé de faire par ordre royal.

» Agréez, Monsieur, les sentimens d'estime de votre serviteur, qui » vous baise les mains.

Le comte de CASA EGUIA. »

ral Eguia en disponibilité à Valladolid, et puis en Biscaye. Mais on ne pouvait méconnaître ses longs services, et, le 6 octobre 1832, le titre de comte de Casa Eguia lui fut conféré.

Bientôt après Ferdinand VII mourut : alors, sortant de sa retraite, le brave général vint à Pampelune, afin de préparer, avec Zumalacarregui, le soulèvement des royalistes en faveur de don Carlos. Ceux-ci prirent aussitôt les armes; mais la guerre qu'ils allaient faire devait commencer par des opérations que les infirmités du comte ne lui permettaient pas de suivre. Persécuté par le gouvernement nouveau, il eut pour résidence forcée Pampelune, Tolosa et l'Aragon, d'où il passa en France au commencement de 1834.

Dès que la guerre eut pris du développement, il se rendit en Navarre, près de don Carlos, qui l'en nomma vice-roi, poste qu'il quitta pour prendre le commandement en chef de l'armée. La grand'croix de Charles III et de Saint-Hermenegilde récompensèrent les services qu'il rendit dans ce grade éminent ([1]).

Enfin, après avoir laissé le commandement, à cause de ses infirmités, il prit encore celui des troupes chargées du siége de Bilbao, dont il était sur le point de se rendre maître, quand l'artillerie anglaise, et surtout les rigueurs d'un hiver jusqu'alors sans exemple dans la Biscaye, vinrent lui ravir une conquête assurée.

([1]) Outre les ordres sus-mentionnés, Eguia est chevalier de celui de Saint-Ferdinand de troisième classe, et de plusieurs autres.

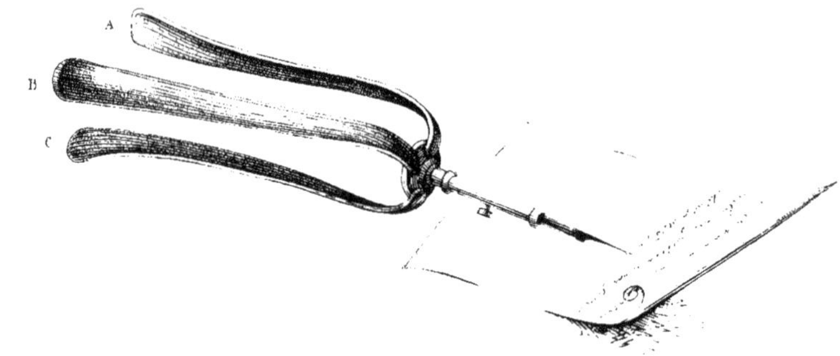

R.l de Durango a 4 de Enero de 1837.

Muy S.or mio de mi m.or estimacion: Sabe de Vmd venir cuando guste p.a mi recabo de q.e p.r R.l orn esta Vmd encargado.

De Vmd su afmo. Serv.r Q.S.M.B.

El Conde de Casa Eguia

Fac-simile d'une lettre que le général Eguia m'a écrite avec l'instrument en argent représenté sur cette planche.

La grande simplicité qui fait le mérite de cet instrument rend toute explication superflue. On n'a pas même le soin de l'attacher. Il tient de lui même par la direction des trois branches A.B.C. le bras en se glissant au milieu d'elles éprouve une légère pression qui suffit pour bien l'assujettir.

MORÉNO.

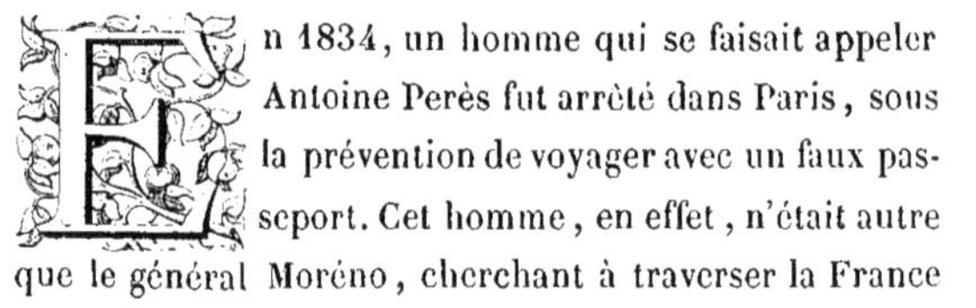

En 1834, un homme qui se faisait appeler Antoine Perès fut arrêté dans Paris, sous la prévention de voyager avec un faux passeport. Cet homme, en effet, n'était autre que le général Moréno, cherchant à traverser la France pour se réunir aux partisans de don Carlos; et qui fut alors condamné à six mois de prison.

Don Vincente Gonzales Moréno, aujourd'hui lieutenant-général, chef d'état-major-général de l'armée carliste, grand'croix des ordres de St-Hermenegilde, de Saint-Ferdinand et chevalier de plusieurs autres ordres, est né à Cadix le 9 décembre 1778. A peine âgé de seize ans, il fut reçu cadet dans le régiment de Savoie et commença sa carrière par la campagne de Catalogne, sous le marquis de l'Union. Quand les Français envahirent l'Espagne, fidèle à son légitime souverain, il se rendit à Valence, et parvint à y installer, le 23 mai 1808, la junte suprême contre Napoléon. Pendant toute la durée de cette sanglante guerre, Moréno, qui avait fixé constamment l'attention de ses chefs, parvint aux grades supérieurs. Ferdinand VII, de retour en Espagne, reconnut

ses services en le nommant lieutenant-général et capitaine-général du royaume de Grenade. A la mort de ce monarque, il fut un des premiers à s'attacher à la fortune de don Carlos : il le suivit en Portugal et en Angleterre, et ne s'en sépara que par ses ordres, afin de remplir une mission importante en Allemagne. C'est en revenant de ce pays qu'il fut arrêté en France, où il passa six mois dans les prisons de Paris. Depuis sa rentrée en Espagne, il n'a pas cessé de prendre part aux opérations de l'armée, tantôt comme général en chef, tantôt comme chef d'état-major-général. Maintenant encore, occupant cet emploi dans les troupes de l'infant don Sébastien, il a pris une part glorieuse dans les victoires remportées par Son Altesse Royale.

VILLARÉAL.

Le courage le plus utile, et par conséquent le plus beau, est celui que dirigent le calme et le sang-froid. Indépendant de tout ce qui porte à l'enthousiasme, les discours entraînans, les fanfares excitantes lui sont également inutiles ; né avec l'homme heureux qui le possède, il semble grandir en proportion du danger.

Telle est la qualité dominante du caractère de Villaréal. Inaccessible à tout sentiment de danger personnel, il est aussi impassible au milieu du feu le plus meurtrier que s'il se croyait invulnérable. On comprend toute l'influence d'un pareil exemple aux yeux des soldats. Dans l'action il produit un effet magique. Que de succès furent déterminés par la présence subite de Villaréal au point le plus important, le plus menacé? S'y portant le premier, et sans donner un seul ordre, il est sûr d'attirer aussitôt auprès de lui une masse d'efforts irrésistibles. Qui refuserait son admiration à une telle bravoure? Mais tout en l'admirant qui ne blâmera pas aussi un général en chef de s'exposer à toutes les atteintes que l'ennemi s'attache à diriger particulièrement contre lui? Toutefois, ne soyons pas trop sévères dans un tel jugement; et avant de le condamner, écoutons comment il

GOMEZ.

De tous les généraux carlistes, aucun n'a fait plus de bruit et n'est cependant moins réellement connu que Gomez. A le juger d'après tout ce qu'on a publié sur son compte, qui n'eût pas été tenté de le prendre pour un de ces hardis chefs de bande, héros de montagne à l'air fier et sauvage, tranchant toutes questions avec leur carabine ou leur poignard. J'avoue que je m'en étais fait aussi une idée un peu étrange, et qui le devint encore davantage quand, au moment où tout le monde croyait son expédition aux environs de Gibraltar, on apprit tout-à-coup à Durango qu'elle arrivait. Gomez, à la tête de ses bataillons, avait parcouru en neuf jours un espace énorme. Cet événement, que j'étais bien loin de prévoir, ne pouvait être plus heureux pour moi; et j'en remerciai bien sincèrement la Providence, qui semblait m'envoyer tout exprès d'aussi loin un des personnages les plus importans de ma collection.

Lafosse d'après le dessin de Mme Dagues

Le général, ayant laissé ses troupes aux environs de Bilbao, était venu à Durango prendre les ordres de don Carlos. J'en fus aussitôt prévenu, et m'empressai d'aller le voir, de peur qu'il ne m'échappât comme le général Merino. Mais la différence était grande.

Gomez est d'une figure aussi avenante que je l'avais crue sévère. La lithographie n'a pas pu rendre l'expression que j'ai donnée à ses yeux dans le portrait original, parce que cette expression dépend surtout de leur couleur. Ils sont bleus, chose assez rare en Espagne; toutes les manières du général répondent à l'air de son visage. Ajoutez à cela qu'il est instruit, et par conséquent d'un commerce agréable. Malheureusement, j'ai eu peu de temps à en jouir, car il avait hâte de rejoindre l'armée. Cependant, il est resté pour moi quelques heures à Durango; mais je n'ai pu bien achever son portrait qu'au quartier-général, où je l'ai rencontré plus tard.

Don Miguel Gomez a de commun, avec plusieurs personnages de cette collection, d'avoir reçu une éducation dirigée vers un autre but que celui des armes. L'occasion fait le larron, dit un vieux proverbe; la guerre le fit soldat. Celle de l'indépendance survint, qu'il était déjà à sa quatrième année d'études de lois; alors, suivant l'exemple de jeunes partisans de la monarchie, il entra au service comme volontaire *distingué*.

Le 19 mai 1808, il fut nommé sous-lieutenant, à l'occasion des levées de jeunes gens pour s'opposer à l'invasion du général Dupont dans l'Andalousie. Fait prisonnier en 1812 et conduit en France au dépôt d'Autun, il trouva le moyen de rentrer en Espagne, et y servit jusqu'en 1816, époque où des affaires de famille l'obligèrent à se retirer dans le royaume de Jaën, dans la ville de Torre, son pays natal. Mais il n'y resta pas long-temps. On le vit bientôt reprendre le cours de cette vie semée des vicissitudes que rencontre sans cesse l'homme politique dans un temps fertile en révolutions. Les nombreuses dépenses qu'il fit pour soutenir les droits du trône s'élèvent à plus de 36,000 piastres; ce qui peut être constaté par l'examen du dossier déposé au ministère des finances. Gomez s'était déjà réuni à Zumalacarregui pour la défense des droits monarchiques de Ferdinand, quand il vint encore se joindre à lui, en 1833, pour soutenir ceux de don Carlos. Son premier emploi dans l'armée du prince fut celui de chef d'état-major; il en occupa beaucoup d'autres ensuite, tantôt comme brigadier, tantôt comme maréchal-de-camp et commandant de province, jusqu'à l'époque de cette expédition qui a fait retentir son nom dans toutes les parties du globe. On a beaucoup parlé, mais on est bien loin d'avoir une idée exacte de tous les événemens qui ont marqué le passage de Gomez dans tous les lieux qu'il a parcourus d'un bout de l'Espagne à l'autre. Ce sera une chose intéressante, que de lire les mémoires qu'il va lui-même publier à ce sujet et qui fixeront l'opinion sur l'esprit qui anime la plus grande partie des Espagnols. J'aurais désiré que la dimension de cet ouvrage m'eût permis d'aborder ce chapitre; mais il eût fallu trop de développement, et j'ai dû y renoncer.

URANGA.

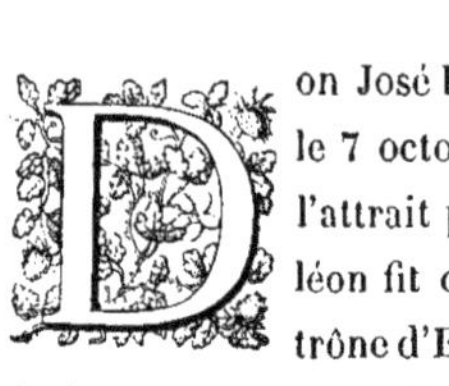

on José Ignacio de Uranga, né à Aspeitia, le 7 octobre 1788, s'était déjà senti de l'attrait pour l'art militaire, quand Napoléon fit connaître ses prétentions sur le trône d'Espagne. A cette époque où tant de jeunes gens secouaient le joug de l'école pour se soumettre à la discipline des camps, Uranga se serait bien gardé de manquer une occasion si désirée. Il partit dans la classe des *distingués*, et à la fin de la campagne avait mérité l'épaulette de sous-lieutenant.

En avril 1821, il se prononça contre le gouvernement constitutionnel, et, au mépris de tous les obstacles, étant parvenu à réunir plus de quinze cents hommes dans la ville de Salvatierra (province d'Alava), et quelques bataillons dans l'étendue de la même province, il battit l'ennemi dans plusieurs rencontres; et pendant toute cette guerre se montra digne du grade de colonel qui lui fut donné avec le commandement de ladite province.

La députation d'Alava, en vertu d'une pétition au gouvernement, obtint que le colonel Uranga, avec une colonne, marcherait sur la frontière de France à la

poursuite de Mina qui cherchait à pénétrer sur le territoire espagnol pour y propager la révolte. Uranga, sans perdre un instant, arrive à travers les montagnes d'Arano et d'Asticura, dans les défilés occupés par les troupes insurgées, les surprend, les bat, les disperse, et peu s'en fallut qu'il ne s'emparât de Mina qui, à la faveur de la nuit et des difficultés du terrain, parvint à s'échapper, en rentrant précipitamment en France.

Le vainqueur trouva dans la nomination de brigadier la récompense du service qu'il venait de rendre.

Ferdinand VII étant mort, Uranga fait, le 7 octobre 1833, en faveur de don Carlos, comme roi d'Espagne, une proclamation qu'il répand dans les provinces voisines, réunit et organise six bataillons en Alava; attaque avec deux d'entre eux seulement l'armée de Saarsfield, dans le lieu appelé Penacercada, au moment où ce général pénétrait dans les provinces vascongades; établit une députation provinciale sous sa présidence, comme commandant-général, en combinaison avec les autres chefs de Navarre et autres provinces, et poursuit ses opérations avec un succès que ne peuvent arrêter les forces triples de l'ennemi.

Don Carlos, quoiqu'absent, n'ignorait pas tous ces avantages. Il signa, en Portugal, un brevet de maréchal-de-camp pour le brigadier Uranga; et quand des circonstances plus favorables l'eurent conduit lui-même dans ses fidèles provinces, il comprit ce général dans les membres de sa junte consultative, le nomma son aide-de-camp; et, en quittant les provinces basques, l'a investi du commandement en chef des troupes qui y sont restées. Uranga occupe aujoud'hui ce poste éminent.

CABAÑAS.

Don Manuel Marie de Medina Verdes Y Cabañas, actuellement ministre de la guerre de don Carlos, naquit à Séville, le 28 avril 1773, d'une famille noble. Il commandait, en 1808, le régiment de volontaires de Séville avec lequel, l'année suivante, à la bataille d'Almonacid, il repoussa, à la baïonnette, les violentes attaques de l'ennemi, en forces trois fois supérieures, et parvint à conserver une position importante. La croix de St-Ferdinand fut la récompense de ce beau fait d'armes. Après divers commandemens, il remplit les fonctions de chef de brigade et de commandant-général de la division majorquine. A ces divers titres, il fit constamment preuve d'une valeur et d'une habileté remarquables, et reçut plusieurs autres décorations. Lorsque cette campagne fut terminée, on le mit à la tête des milices provinciales de Séville. La révolte de 1820 lui fournit l'occasion de montrer de nouveau ses principes légitimistes. En butte aux persécutions des constitutionnels, il eut à

souffrir une captivité de deux ans et demi, au milieu des privations et des vexations de toute espèce. En 1829, il était depuis quatre ans colonel du deuxième régiment des grenadiers provinciaux de la garde royale, quand le roi, voulant reconnaître ses nombreux services, l'éleva au grade de maréchal-de-camp et lui confia le commandement de la deuxième brigade des chasseurs provinciaux de la garde royale. La mort de ce prince fut pour le général Cabañas le signal de nouvelles vexations; mais il parvint à s'y soustraire, en se rendant auprès de don Carlos, qui d'abord lui donna l'inspection générale de l'infanterie de son armée et l'a compris dans la dernière formation de son conseil des ministres au département de la guerre.

LA TORRE.

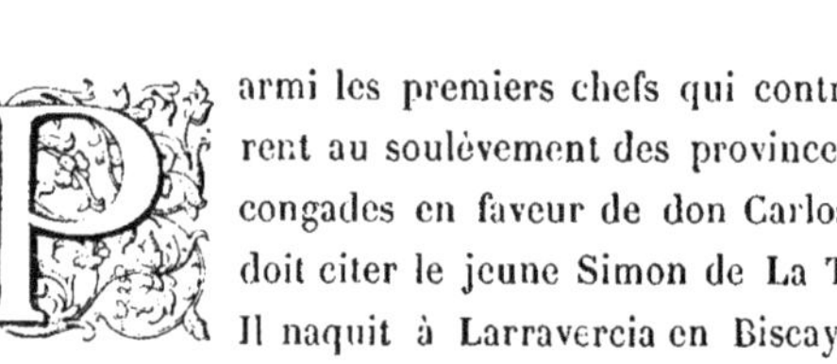

Parmi les premiers chefs qui contribuèrent au soulèvement des provinces vascongades en faveur de don Carlos, on doit citer le jeune Simon de La Torre. Il naquit à Larravercia en Biscaye, le 23 octobre 1804.

A peine âgé de seize ans, ayant pris les armes contre les constitutionnels, en 1820, il commença à donner des preuves de ce brillant courage qui lui a valu depuis un avancement si rapide, et qui dès lors le fit arriver promptement au grade de lieutenant.

Après le rétablissement de Ferdinand VII sur le trône, il passa dans le premier régiment de la garde royale. Mais le gouvernement de 1823 le mit en disponibilité : ses principes monarchiques avaient motivé cette mesure; aussi, dès que le roi fut mort, s'empressa-t-il de réunir un corps de royalistes biscayens et de proclamer don Carlos roi d'Espagne. Le premier titre de la reconnaissance de ce prince fut le grade de brigadier dans ses armées conféré à Simon de La Torre. Celui-ci plus dévoué encore, rassemble de nouvelles troupes, forme une division, l'instruit, bat dans plusieurs rencontres les soldats de la reine, et mérite par le brillant fait d'armes

d'Arlabau d'être nommé maréchal-de-camp et grand' croix de l'ordre royal américain d'Isabelle-la-Catholique. Déjà il était chevalier de quatrième classe de l'ordre de Saint Ferdinand.

L'amitié la plus intime unit Simon de La Torre et Bruno de Villaréal. Jeunes l'un et l'autre, ils doivent à une valeur remarquable la haute position dont ils jouissent dans l'armée. Un grade met entre eux néanmoins une petite différence, mais le maréchal-de-camp est un peu plus jeune que son ami.

On trouvera leurs portraits d'une dimension plus petite que les autres ; voici pourquoi : Ils m'avaient demandé de les peindre sur la même feuille, et pour les y faire contenir il fut nécessaire de les réduire. Depuis, mes souscripteurs ont désiré que je fisse de chacun un portrait séparé. Mes dessins alors se trouvaient trop petits ; mais pour plus d'exactitude dans la reproduction, les dessinateurs lithographiques ont cru devoir les copier tels qu'ils étaient.

VALDESPINA.

Don Jose Maria de Orbe Y Elio, marquis de Valdespina, appartient à une des plus nobles maisons de la Biscaye. Il naquit le 6 septembre 1776 à Irun, petite ville de la province de Guipuscoa, où se trouvait momentanément sa famille.

Le jeune marquis, dont l'éducation avait été soignée, terminait son cours de mathématiques à l'école des cadets du régiment de cavalerie de Santiago, quand la guerre s'alluma entre la république française et l'Espagne. Il entra alors dans le premier bataillon des volontaires de Guipuscoa qui le compta bientôt au nombre de ses capitaines.

A la fin des hostilités, il se retira à Ermua en Biscaye, souffrant beaucoup d'une blessure qui nécessita bientôt l'amputation de son bras droit.

Un tel malheur, qui semblait devoir à jamais lui fermer la carrière militaire, l'eût rendu inconsolable, s'il n'eût trouvé dans les suffrages de ses concitoyens un autre moyen de servir son pays. En 1802, élu député général aux cortès, il fut chargé en cette qualité d'une mission du plus haut intérêt dont il s'acquitta dignement.

Cependant, il n'avait pas oublié qu'il était soldat, et quand l'aigle impériale de France vint s'abattre sur le territoire espagnol, il se présenta un des premiers contre l'invasion étrangère. Ce fut en qualité de colonel du

deuxième bataillon de Biscaye qu'il fit cette seconde campagne, pendant laquelle il eut à remplir auprès de l'armée ennemie plusieurs missions importantes.

Dès que la paix fut conclue, le marquis, rentré dans sa famille, commençait à y goûter le repos, quand survint la révolution de 1820. Il était trop dévoué à la cause royale pour ne pas attirer l'attention de ses ennemis : aussi fut-il saisi et enfermé dans les cachots de la prison publique de Bilbao, puis dans ceux de Portugalete. Après quatre mois de souffrances, on le fit embarquer pour les îles Canaries. Mais une main plus puissante que celle de ses persécuteurs ne leur permit pas d'accomplir ce dessein. Une tempête furieuse contraignit le navire à chercher un refuge dans le port de Cadix. Là furent déposés ceux qu'on avait condamnés à l'exil. Le marquis y resta six mois, jusqu'à l'arrivée de la flotte française; alors il trouva le moyen de s'évader et de se rendre auprès du général de l'armée libératrice, emportant avec lui des papiers de la plus haute importance pour le gouvernement royal.

Arrivé à Madrid, comme député général, il fut chargé de complimenter le roi au nom de la seigneurie de Biscaye. On le nomma encore une fois député général pour les deux années 1825 et 1826, et on lui confia le soin d'organiser les bataillons volontaires royalistes de Biscaye, et le commandement de la quatrième brigade.

En 1830, lors de l'invasion de Mina, il commandait la réserve. Mais voici l'époque la plus marquante de sa vie. Élu une troisième fois député, en 1833, il comprit que tout l'avenir de don Carlos dépendait de l'énergie de quelques hommes influens; et qu'il ne fallait qu'un coup décisif pour ranimer les plus faibles. Après avoir hautement proclamé don Carlos à la tête de sa députation, il publia, le 5 octobre 1833, le premier manifeste qui ait paru en Espagne en faveur de ce prince. L'étendard une fois levé, toute la force armée est bientôt mise en mouvement; les bataillons de Biscaye passent avec armes, munitions et argent dans la province de Guipuscoa qu'ils soulèvent; rencontrent l'ennemi dans les champs d'Aspeitia, battent le général Castagno, le chassent de Tolosa, et le poursuivent jusque sous les murs de Saint-Sébastien.

Bientôt Saarsfied envahit les provinces basques; mais la Biscaye lui résiste. Pendant ce temps Valdespina pénètre en Navarre pour s'entendre avec le général Zumalacarregui et la députation du royaume de Navarre; signe avec elle et celles de Guipuscoa et d'Alava un traité de mutuelle assistance, et rentre au plus vite en Biscaye. Il y réunit ses bataillons au troisième de Navarre, au premier, deuxième et troisième de Guipuscoa; et, malgré d'innombrables obstacles et les ressources combinées de l'ennemi, force le passage d'Aspeitia. Depuis cette époque, il n'y eut en Biscaye aucune action où ne se trouvât le marquis de Valdespina.

Don Carlos n'était pas encore en Espagne : cependant la nouvelle de tant de services lui était parvenue; et, par un décret daté de Portugal, il conféra à ce serviteur dévoué la dignité de grand d'Espagne de première classe, avec le commandement en deuxième de la province de Biscaye. Plus tard, quand le prince arriva à Elizundo en Navarre, il l'appela auprès de sa personne, le nomma brigadier d'infanterie et conseiller de la junte consultative. Auprès de don Carlos, Valdespina a partagé ses plus grands dangers; envoyé ensuite au quartier-général de Navarre, il s'est trouvé avec Zumalacarregui dans toutes les actions commandées par le grand capitaine.

Aujourd'hui, le marquis réunit aux titres sus-mentionnés, ceux de ministre du conseil général des affaires du royaume, de commissaire royal subdélégué de la vigilance publique de Biscaye et de président de la junte consultative de cette province.

Après avoir pillé le bel hôtel qu'il possédait à Ermua, les ennemis l'ont réduit en cendres, ainsi que huit autres maisons lui appartenant dans la même ville.

ELIO.

Don Joachim Elio y Espeleta, né à Pampelune le 19 août 1806, est le neveu du célèbre capitaine-général Elio, victime de la révolution de 1820, qui, au mépris des nombreux services rendus par le général, en Amérique et dans la Péninsule, comme commandant en chef de deux armées, oubliant les combats multipliés qu'il avait livrés au maréchal Suchet, et son administration ferme et sage, le fit enfermer dans la citadelle de Valence. Ce vieux serviteur, traduit en 1822 devant un conseil de guerre, que pas un général ne voulut présider, fut accusé d'avoir excité ses artilleurs à une révolte, à laquelle il n'avait pris aucune part. On voulait sa tête : il la porta sur l'échafaud avec le courage d'un soldat et la résignation d'un chrétien.

Héritier d'un tel nom, le jeune Joachim n'a pas eu à faire de grands efforts pour être digne de le porter, car il a en partage toutes les qualités de son oncle. Sous sa tutelle, il entra comme cadet dans les rangs de l'armée, et, mettant à profit les entretiens et l'exemple du héros, il se distingua bientôt par sa bravoure et la solidité de ses principes monarchiques. Dès que le général eut expiré, fuyant avec horreur les lieux témoins de son martyre, Elio vint se ranger sous les drapeaux royalistes et combattit avec eux jusqu'au rétablissement de Ferdinand VII sur le trône. A cette époque, il fut incorporé en qualité de lieutenant dans la garde royale où il resta jusqu'à la mort du roi. Ayant alors donné sa démission, le gouvernement de la reine lui assigna pour résidence la ville de Carthagène. Une grande surveillance était exercée autour de lui; néanmoins, il parvint à s'y soustraire: il vint en France; mais son séjour n'y fut pas long: Zumalacarregui l'attendait pour le faire son aide-de-camp. Don Carlos l'éleva ensuite au grade de brigadier. C'est ainsi qu'il fit la deuxième expédition des Asturies.

Dans toutes les circonstances, Elio s'est montré tel, qu'aujourd'hui on le regarde, à juste titre, comme un des meilleurs officiers de l'armée. S. A. R. l'infant don Sébastien, pour l'avoir toujours auprès d'elle, l'a fait nommer secrétaire particulier de ses commandemens militaires, et l'on voit aujourd'hui tous les bulletins et rapports officiels contre-signés du nom d'Elio. Il est chevalier de troisième classe de l'ordre de Saint-Ferdinand et commandeur de celui de la Fidélité.

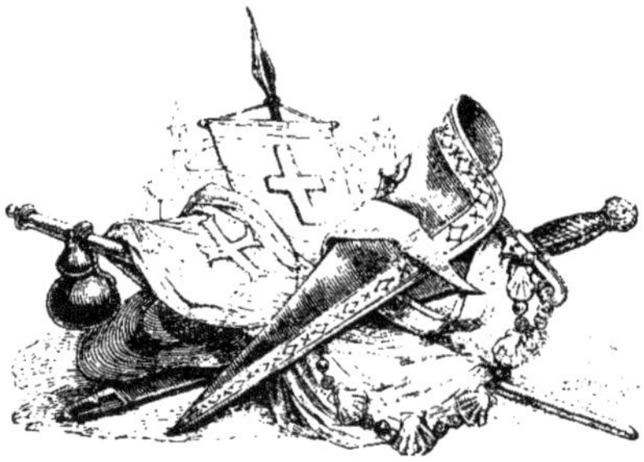

LOS VALLES

AUGUET DE SAINT-SILVAIN.

Un des épisodes les plus intéressans de la vie de don Carlos est, sans contredit, son voyage d'Angleterre en Espagne, en traversant la France avec un seul homme pour accompagner et diriger ses pas. Cet homme est le baron de Los Valles qui, par ce fait si adroitement et si heureusement accompli, s'est assuré une mention honorable dans l'histoire du prince.

La narration de ce hardi voyage serait bien à sa place dans la biographie de celui qui a eu le courage d'en assumer toute la responsabilité, mais le cadre tracé pour cet ouvrage ne permettant pas tant de détails, je laisse à M. de Los Valles lui-même le soin de le raconter. Un livre

écrit par lui, intitulé : *Une page de la vie de Charles V*, ne laisse rien à désirer, non seulement sous ce rapport, mais encore sur tout ce qui peut intéresser dans la vie politique de ce prince, à la fortune duquel il a voué la sienne. Ce livre, si bien accueilli à son apparition, et que l'on trouve partout aujourd'hui, me dispense de raconter aussi la vie de son auteur. Elle y est décrite jusqu'à une époque toute récente encore.

Depuis ce temps, le baron n'a cessé de se montrer digne de la position qu'il doit à son mérite. On l'a vu, le 27 octobre 1836, au siége de Bilbao, prendre spontanément le commandement des braves Algériens et monter à leur tête à la brèche ouverte au fort de Maillona; le 14 mars 1837, se distinguer et recevoir deux blessures dans l'affaire d'Ernanie, si fatale aux Anglo-christinos. A peine remis de ces blessures, et jaloux de prendre part aux succès obtenus en Catalogne, il a un cheval tué sous lui à Barbastro, et n'échappe en cette occasion aux dangers qui l'environnent que pour être blessé encore dans le combat si prôné contre le baron de Meer.

Né Français, le baron de Los Valles est connu dans son pays sous le nom de Auguet de Saint-Silvain. Le titre qu'il porte lui fut donné au départ d'Angleterre par don Carlos, auprès duquel il est aujourd'hui en qualité de son aide-de-camp, brigadier de ses armées, officier de la secrétairerie d'état, chevalier pensionné de l'ordre de Charles III, et chevalier de deuxième classe de l'ordre militaire de Saint-Ferdinand, etc., etc.

ECHEVERIA.

L'abbé Echeveria, né dans la ville de Los-Arcos en Navarre, le 6 mai 1795, suivait son cours de rhétorique à Pampelune, quand survint la guerre de 1808. Elle lui fit suspendre ses études, pour servir dans la division de Mina, qui, en 1812, l'envoya à Cadix avec une mission pour le gouvernement.

A la fin des hostilités, le jeune Echeveria, de retour à Pampelune, y termina ses études. Il s'était fait remarquer dans celle de la théologie; et l'on ne fut pas étonné de voir qu'il l'emportait dans plusieurs concours qui eurent lieu, le premier pour disputer un des bénéfices de sa ville natale, et deux autres pour être nommé aux cures vacantes des deux paroisses de Maneru et de Melina, dans le royaume de Navarre. Son choix tomba sur la résidence de Maneru.

Au bout de huit ans, la persécution des ennemis de la

foi lui imposa la nécessité de chercher un refuge en France. Il y était à peine depuis six mois, que, s'étant réuni au général Santos-Ladron, ils rentrèrent en Espagne pour assister, le 26 mars 1823, à l'attaque de Lara Saona. Un mois après, Echeveria fut reconnu aumônier-général de l'armée royale, et resta au milieu d'elle tant que dura la campagne.

La guerre était finie, et l'aumônier-général était redevenu curé à Maneru; et puis, en vertu d'un concours, titulaire d'un bénéfice de Los-Arcos, lorsque les ennemis du roi parurent en 1830 du côté de Vera. Echeveria revint aussitôt avec le général Santos-Ladron, et prit part à l'affaire du 28 octobre.

Enfin une troisième fois il se réunit au même général, quand celui-ci se présenta à Logrono pour reconnaître la royauté de don Carlos; mais cette réunion devait être la dernière. Tout le monde sait la fin tragique du brave Santos-Ladron [1]. Echeveria, inconsolable de cette perte, prend le commandement des troupes laissées par son ami, et, après les avoir confiées au général Iturralde, se dirige sur Vittoria pour tâcher d'obtenir des munitions et des armes. La junte d'Alava lui procura six chariots

[1] Le brave Santos-Ladron, l'un des premiers généraux qui levèrent l'étendard de l'insurrection carliste, fut la première victime de cette funeste guerre. Surpris, loin des siens, par des forces nombreuses, son courage lui fit oublier qu'il pouvait s'échapper facilement; et tandis qu'il chargeait avec audace, investi de toute part, il fut pris et conduit prisonnier à Pampelune, où on le fusilla le 14 octobre 1833.

de munitions et quatre cents fusils, qui servirent à armer le premier bataillon de Navarre. Sur ces entrefaites, Zumalacarregui se mit à la tête de l'armée, et la junte de Navarre fut créée sous la présidence d'Echeveria. Don Carlos, en arrivant en Espagne, le fit reconnaître vicaire-général de l'armée, et, comptant sur sa fidélité, a daigné le comprendre au nombre de ceux qui ont partagé tous ses dangers.

ESAIN.

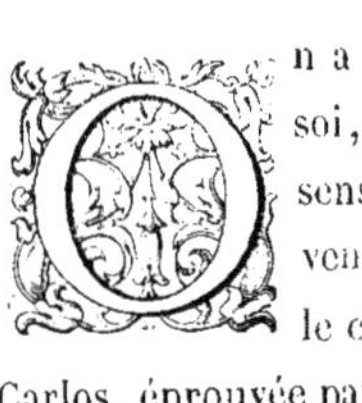

On a souvent besoin d'un plus petit que soi, dit une fable qui ne manque pas de sens. Cette vérité, démontrée bien souvent, devait trouver son application dans le cours d'une vie comme celle de don Carlos, éprouvée par tous les revers de la fortune. Dans la nuit du 24 au 25 septembre 1834, les jours du prince, et par conséquent la base des grands événemens qui agitent maintenant toute la diplomatie européenne, furent entre les mains d'un homme remplissant les fonctions de *confidente* (espion). Cet homme le sauva. A l'abri du danger, don Carlos n'a pas oublié celui qui l'en avait tiré. Il a même conservé pour Esain un intérêt que j'ai pu bien apprécier le jour où, sans l'avoir prévenu, je lui montrai le portrait du bon paysan.

Avant de dire quelle fut la manière dont le prince témoigna sa reconnaissance, je crois devoir faire connaître celui qui l'a méritée.

peint par J.re Magues.
Lafosse lith.

Juan Buntista Esain naquit dans la pauvre maison d'un laboureur, au village de Larrainzar, en Navarre. Aussitôt que don Carlos fut proclamé, il se présenta au général Eraso, qui, après avoir éprouvé sa fidélité, l'employa au service périlleux et si important des dépêches secrètes. Zumalacarregui voulut ensuite avoir auprès de lui un homme qu'il regardait comme le plus sûr de tous, et le chargea des missions les plus difficiles. Esain avait toujours mérité la confiance sans bornes du général, quand arrivèrent les circonstances les plus critiques. Don Carlos s'était séparé de Zumalacarregui, afin de diviser les troupes des christinos; mais ces derniers, dont les efforts avaient pour unique but de s'emparer du prince mort ou vivant, s'attachaient particulièrement à sa poursuite. Dans cette mémorable nuit, du 24 au 25 septembre 1834, Rodil, Lorenzo et Oraa l'avaient tellement cerné entre les montagnes de Saldias et de Goa, que le premier de ces généraux écrivit à la reine que tout était fini, puisqu'il tenait le prétendant comme dans un sac. Il écrivait ainsi, tandis que vers le milieu de la nuit, appuyé sur le bras d'Esain, le prince sortait de la cabane d'un berger qui l'avait caché pendant quelques heures. Déjà autour d'eux se faisaient entendre les pas des éclaireurs ennemis, le bruit approche toujours davantage, et, pour comble de malheur, les chemins sont impraticables. Le fidèle serviteur soutient toujours son maître; mais celui-ci ne peut plus avancer. Alors son compagnon, accoutumé dès son enfance à gravir les montagnes, lui offre de le prendre sur ses épaules robustes. Avec un tel fardeau, Esain poursuit sa marche à travers les obstacles sans nombre. Sur le bord des précipices, il s'avance avec l'assurance d'un homme qui sait qu'il accomplit un grand destin : « Roi, ne crains rien, disait-il sans cesse, je te sauverai ([1]). » Et il allait toujours jusqu'à ce qu'après avoir porté ainsi don Carlos pendant plus de trois quarts-d'heure au milieu des ennemis, qu'on entendait toujours à portée de pistolet, ils arrivent enfin dans un lieu plus sûr. Lorsque les christinos eurent appris le nom du téméraire qui leur avait ravi leur proie, plus de deux cents d'entre eux se transportèrent à Larainzar, traînèrent hors de sa demeure la pauvre mère d'Esain, et, sans pitié pour ses vieux ans, la maltraitèrent au point qu'elle en mourut le lendemain. Sa maison fut entièrement dévastée.

Pour éterniser la mémoire d'un si grand bienfait, et en prouver en même temps sa reconnaissance, don Carlos a daigné accorder à son fidèle serviteur les graces suivantes :

La noblesse est accordée à Juan Buntista Esain, ainsi qu'à ses enfans et descendans à perpétuité. Il jouira pour lui et sa famille d'une pension de 20 réaux par jour (5 francs). Ses enfans mâles seront élevés aux dépens du

([1]) A cette époque, Esain savait à peine quelques mots d'espagnol; il ne parlait que basque. Quand il raconte la manière dont il parlait à don Carlos, il est maintenant tout honteux de l'avoir fait avec si peu de respect; mais il n'en savait pas davantage.

trésor royal, dans une école militaire, pour en sortir sous-lieutenans, dans une arme à leur choix. Et enfin, lui et ses fils porteront suspendu à leur cou, avec un ruban de la couleur du drapeau national, une médaille représentant d'un côté le portrait du prince, et de l'autre les armes insignes de la noblesse d'Esain, composées d'un hiéroglyphe faisant allusion à la cause de toutes ces faveurs.

COSTUMES MILITAIRES.

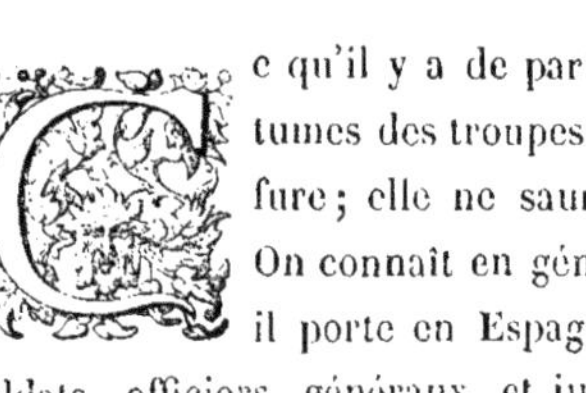

Ce qu'il y a de particulier dans les costumes des troupes carlistes, c'est la coiffure; elle ne saurait être plus simple. On connaît en général le berret basque; il porte en Espagne le nom de *boïna*. Soldats, officiers, généraux, et jusqu'à l'infant don Sébastien, tous portent la boïna. Celle des officiers est ordinairement rouge, surmontée au milieu d'un bouton d'or ou d'argent d'un pouce et demi de diamètre, portant les deux caractères C. V. couronnés. Ce bouton est entouré d'une frange de trois ou quatre pouces, qui tantôt se répand en rayons autour de lui, et tantôt, suivant le mouvement de la tête, prend plus ou moins la forme d'un gland. La boïna des soldats fantassins est bleue foncée; celle des cavaliers blanche. Le tissu de l'é-

Fantassin. Officier. Cavalier.

toffe qui la compose est tellement serré, que l'eau ne peut le traverser.

La grande veste que l'on voit à la figure du milieu, représentée sur cette planche, est portée seulement par les officiers, qui la mettent en hiver sur leur uniforme [1]. Elle est en peau, couverte d'un poil noir saillant au dehors.

Les soldats d'infanterie n'ont pas de sabre. Leur giberne est portée en ceinture. Outre l'économie qu'il y a dans cet équipement, on y trouve d'autres avantages faciles à comprendre. Il n'est pas rare de voir, dans les retraites surtout, les soldats jeter loin d'eux leur giberne et même leur sabre, parce que l'un entrave leurs jambes, et l'autre bat sur leur dos d'une manière très embarrassante. Ainsi leurs armes et leurs munitions, ramassées par l'ennemi, peuvent servir contre ceux qu'elles devaient protéger. Au lieu de gêner leur marche, la *cartouchera*, ou porte-cartouches des carlistes, en serrant la taille à volonté, leur donne plus de vigueur. Quant au

(1) L'officier qui a bien voulu poser pour ce costume est fils de don Francisco Xavier de Mauzanos, membre du conseil général des affaires du royaume, grand'croix d'Isabelle-la-Catholique. Ce jeune homme, aujourd'hui commissaire de guerre, m'a donné de véritables preuves d'amitié. J'ai saisi avec plaisir l'occasion de reproduire ses traits dans cet ouvrage, auquel il n'est pas étranger, puisqu'il m'en a beaucoup facilité l'exécution par une foule de moyens que sa position lui permettaient d'employer.

sabre, ils en trouvent la compensation dans la baïonnette, dont ils font un grand usage et qui porte plus loin.

Toute la cavalerie est armée de lances. Il serait difficile de ne pas remarquer les éperons faits de la même manière pour les officiers et les soldats. Leur dimension et leur forme suffiraient pour attirer l'attention, quand même ils ne produiraient pas tout le bruit qu'ils font entendre de bien loin, grace à la double molette que possède chaque éperon : l'une, étoilée et en fer, pour le service ordinaire; l'autre, ronde et en cuivre, pour chatouiller l'oreille en résonnant avec la première. Ces molettes, au lieu d'être perpendiculaires, sont placées horizontalement. Il en résulte qu'on peut attaquer plus vigoureusement un cheval sans le déchirer, et que le cavalier est moins exposé à se déchirer lui-même quand il est à pied.

La cavalerie a une petite veste ronde de couleur verte; les pantalons gris-clair, tombant sur un grand soulier en forme de brodequin. Dans quelques escadrons, le manteau est garance, dans d'autres gris-clair. Les armes consistent en une lance, une carabine, un sabre et des pistolets.

Le fantassin porte la capote grise des troupes françaises, et, comme elles, le pantalon garance sur des guêtres noires. L'officier d'infanterie a une capote bleue foncée et le sabre des officiers français de la même arme.

Dans toute l'armée, l'épaulette n'est portée que jusqu'au grade de capitaine inclusivement; encore est-il bien rare qu'ils les mettent (lorsqu'ils en ont).

CONDITIONS DE LA SOUSCRIPTION.

Le prix de cèt Album historique n'est, pour Paris, que de 30 Fr. et 35 Fr. par la poste. (Les personnes qui enverront une reconnaissance de 30 Fr. sur la poste, ou un effet de pareille somme sur une maison de commerce, recevront l'ouvrage *Franco*.)

toutes les épreuves [illegible] papier de Chine

On souscrit chez M. TOUSSAINT [illegible] { à PARIS quai St Michel N° 9 / à TOUL[illegible]SE Place Rouaix N° 13

Les 500 premiers souscripteurs auront [illegible] aux 500 premières épreuves de lithographies.

www.ingramcontent.com/pod-product-compliance
Ingram Content Group UK Ltd.
Pitfield, Milton Keynes, MK11 3LW, UK
UKHW022023170726
13837UKWH00001B/359